M000092808